DIE WINTERZEIT LÄDT UNS EIN,
UNS KLEINE OASEN DER STILLE
UND DER BESINNLICHKEIT ZU SCHAFFEN,
UNS DIESE *Wohlfühlmomente*
EINFACH ZU SCHENKEN
UND SIE ENTSPANNT ZU *genießen.*

Irmgard Erath

CAROLA STEIN (HG.)

Verwöhnpausen
FÜR DIE
Winterzeit

Butzon & Bercker

Inhalt

STILLE

GEBORGENHEIT

VORWORT

Es ist einer der ersten Herbsttage, als ich mit dem Zusammenstellen der Texte für dieses Buch begonnen habe. Wahrlich kein goldener Herbsttag, sondern ein trüber, nasser Tag, der so gar nichts Einladendes hat. Und dann entpuppt er sich doch als warmer, geborgener und lichtvoller Tag, denn mir sind viele wunderbare Texte und Autoren begegnet. Diese Texte, die kleinen Rituale und Gedanken, darf ich den Leserinnen und Lesern nun mit auf den Weg geben für eine schöne Winterzeit voller Licht, Wärme, Glanz und Geborgenheit.

Carola Stein

LASS DEIN LICHT LEUCHTEN,
WIR BRAUCHEN *Licht,*
DANN WEICHEN DUNKEL
UND DÜSTERE SICHT,
DANN LEUCHTEN *Farben,*
DER HIMMEL LACHT:
LASS DEIN LICHT LEUCHTEN,
DAS *Leben* ERWACHT.

Eugen Eckart

Licht

FARBE
bekennen

Farbe bekennen als persönliches Motto für die Winterzeit ist vielleicht ungewohnt oder gar provokativ. Wenn ein Mensch Farbe bekennt, dann sagt er, wofür er steht und einsteht. Dann teilt sie mit, wo sie hingehört und was das Gegenüber erwartet, das sich mit ihr und auf sie einlässt. Um so zu leben, braucht es eine gute Selbsterkenntnis, Geduld mit sich und anderen und den Mut, Gesagtem auch Taten folgen zu lassen.

Farbe zu bekennen, ist aber sicher nicht nur „rot" oder „blau" zu sagen. Wie beim Regenbogen das wundervolle Farbspiel erst sichtbar wird, wenn Licht und Wassertröpfchen zusammenwirken, so kann auch bei uns Menschen die Schönheit des Farbspiels erst sichtbar werden, wenn wir uns der Sonne, dem göttlichen Licht aussetzen, uns durchleuchten lassen.

Die Winterzeit lädt ein, uns wieder auf das Wesentliche zu konzentrieren, genau hinzuschauen und uns selbst als Farbtupfer in dieser Welt und Zeit zu entdecken.

Manchmal entdecken wir die Farbenvielfalt unseres Lebens bei kleinen, alltäglichen Begebenheiten. So bin ich dieser Tage am Bodensee entlangspaziert, es war gegen Abend und die Sonne legte ihr besonderes Winter-Abendlicht über die gegenüberliegende Gebirgskette. Da musste ich einfach innehalten und einige Augenblicke staunend stehen bleiben. Für einen Moment vergessen, was der Alltag von mir fordert, auch was ihn manchmal eintönig oder grau macht. Als ich nach Hause kam, entdeckte ich auf meinem Smartphone dann eine Nachricht mit Bildern dieses Abendlichtes – da hat mich jemand an seiner Freude teilhaben lassen. Lassen wir uns in der Winterzeit durch die vielen Farbspiele der Natur anregen, Dinge, Situationen, Menschen und uns selbst in einem neuen Licht zu sehen und dieses erfahrene Licht weiterzuschenken – in allen Farben des Regenbogens.

Sr. Dorothee Laufenberg

Winterlicht...

... kann wirklich bezaubernd schön sein. Wenn an klaren kalten Tagen die Sonne die Eiskristalle funkeln lässt. Wenn die Nebelschwaden im Tal von der darüberliegenden Sonne in besonderes Licht getaucht werden. Dann lasse ich mich im Winter vom Licht einfangen. Dann erfreue ich mich und rufe einfach mal wieder jemanden an und sage:

KOMMST DU MIT DAS WINTERLICHT GENIESSEN?

Lade auch du an einem solchen Tag eine Freundin oder einen Freund ein, mit dir zusammen das Winterlicht zu genießen.

DENN GETEILTE FREUDE IST DOPPELTE FREUDE.

KEIN FEUER KANN SICH
MIT DEM *Sonnenschein*
EINES WINTERTAGES MESSEN.

Henry David Thoreau

EIN LICHT IM FENSTER

Stell eine Kerze ins Fenster,
denn Gott geht vorüber
und viele Fremde nehmen diesen Weg.
Lass das Licht leuchten in deinen Augen
für alle, die vorüberkommen;
für alle, die Halt suchen und Heimat.
Hast du Zeit für den Fremden?
Mit einem Lächeln im Gesicht.
Mit einem liebevollen Blick.
Mit einem freundlichen Wort.
Wenigstens einen Augenblick?
Vergiss nicht: In den Fremden,
die des Weges kommen, begegnest du Gott.
Deine Kerze, die ihnen leuchtet,
wird zum Segen für dich und die Deinen.

Nach einem altirischen Text

Licht spüren

Zünde heute eine Kerze an.
Nur eine.
Lass den Raum dabei
ansonsten dunkel.
Spüre, wie viel Licht
diese kleine Kerze bringt.
Fühle ihre Wärme.
Beobachte die Flamme genau.
Flackert sie oder brennt sie ganz ruhig?
Kannst du ein leises Knistern hören?
Wonach riecht deine Kerze?

Vera Lörks

DIE BLAUE Stunde

Habe ich eigentlich schon mal von der alten Frau Storm erzählt? Ich hatte sie vor sehr vielen Jahren kennengelernt und sie ist nun auch schon lange verstorben. Aber ich erinnere mich sehr gut: Sie hatte Ende Oktober Geburtstag und ich besuchte sie am späten Nachmittag. Sie hatte Kerzen angezündet und es brannte keinerlei elektrisches Licht. Draußen wurde es langsam dunkel, deshalb war im Raum eine wunderschöne Mischung aus dem Restlicht des Tages und aus den Kerzen drinnen. Sie sagte: „Ich feiere gerade die blaue Stunde. Das mache ich oft so, wenn es draußen langsam dunkel wird."

Die blaue Stunde? Ich musste sofort an meinen alten Lehrer im Kunstunterricht denken. Er hatte uns beigebracht, dass die Farbe des späten Abends nicht Schwarz ist, sondern Blau: Wenn die Sonne schon untergegangen ist, dann schimmert alles in dunkelblauen Farbtönen.

Ich habe Hildegard Storm damals gefragt, ob ich von ihrer kleinen „Feier der blauen Stunde" weitererzählen dürfte. Sie sagte: „Ja, jederzeit, aber meinen Sie, dass das irgendjemanden interessieren wird?" Ich sagte: „Das glaube ich ganz sicher. Ich selbst bin jedenfalls der Erste, der diese blaue Stunde nicht vergessen wird." Nun habe ich einen Wunsch für den Winter:

ICH WÜNSCHE MIR EIN PAAR RUHIGE STUNDEN IN DER BLAUEN ABENDDÄMMERUNG.

Und wenn es auch nur eine Viertelstunde ist, mit einem Tee und mit einer Kerze, dann soll das ebenfalls in Ordnung sein. Gott macht ja nicht nachmittags um fünf draußen einfach das Licht aus – klick, und sofort ist es dunkel. Nein, ganz im Gegenteil: Er hat die blaue Stunde dazwischengelegt. Die Dämmerung mit ihrer ganz eigenen Schönheit.

Dirk Grundmann

GEDANKEN VOR EINER
brennenden Kerze

Ich schaue in die Kerze und freue mich an ihrem
Licht. Ich ruhe mich aus bei diesem Licht, lasse
es auf mich wirken, in mich eindringen.
Mit den Augenwimpern ist es mir möglich,
die Strahlen des Lichtes zu vermehren, mit
dem Licht zu spielen, ohne es zu berühren. Ich
schließe meine Augen und sehe das Licht in
mir, auf der Rückwand meiner Augenlider.

Ich lasse zu, dass dieses Licht mich erfüllt, sich in mir „breitmacht" und alles Dunkel vertreibt.

**ICH WILL DIESES LICHT
IN MICH AUFNEHMEN,
DIESES LICHT SOLL MICH ERFÜLLEN.**

Ich vertraue darauf, Gott ist da, ihm gebe ich alles Dunkel, das ich finde. Alle Sorgen und Ängste, meine Enttäuschungen – ich vertraue sie Gott an. Er nimmt die Dunkelheit und ich bitte ihn:

„ERFÜLLE DU MICH MIT LICHT."

Nach Norbert Passmann

DEINE LEUCHTENDE Stimme

Gott lass uns jeden tag
dein licht erblicken
lass uns nicht weglaufen vor deinem licht
und nur den verkehr das büro
und das fernsehen sehen
gib uns augen für dein licht am morgen
für dein licht im november
für dein licht in den augen einer katze …

Gott lass uns jeden tag
auch heute dein licht sehen
lass uns nicht uns selber verzwecken
und nur das notwendige das ernste tun
spiel mit uns gott und lass uns mit dir spielen
wie der wind auf dem wasser spielt im licht
wie das staunen und die neugier
auf dem gesicht des neunjährigen spielen
und die frühlingsblüten am straßenrand
zusammengekehrt vom wind

Gott lass uns jeden tag
auch heute dein licht sehen
in einer kleinen pfütze am weg

Gott lass uns jeden tag
deine stimme hören
wie sie uns ruft es werde
komm heraus aus der arche
nimm dein bett und geh
siehe ich stehe vor der tür
lass uns keinen tag in unserem leben
nur trivial funktionieren
keinen tag in unserem leben sein
ohne deine leuchtende stimme
ohne dein drängendes licht

Dorothee Sölle

GEGEN Herzenswärme
IST SELBST DER
KÄLTESTE WINTER machtlos.

Irmgard Erath

Wärme

Warum ich jedes Wetter liebe

Ein Wanderer: „Wie wird das Wetter heute?"
Der Schäfer: „So, wie ich es gernhabe."
„Woher wisst Ihr, dass das Wetter so sein wird,
wie Ihr es liebt?"
„Ich habe die Erfahrung gemacht,
mein Freund, dass ich nicht immer
das bekommen kann, was ich gerne möchte.
Also habe ich gelernt,
immer das zu mögen, was ich bekomme.
Deshalb bin ich ganz sicher:

**DAS WETTER WIRD HEUTE SO SEIN,
WIE ICH ES MAG."**

Anthony de Mello

TEEZEREMONIE

Die kalte Jahreszeit ist für mich auch immer die Zeit für Teegenuss. Im Sommer brauche ich Tee eher aus medizinischen Gründen. Die Kamille für den Magen, die Pfefferminze bei der Erkältung. Der Winter eröffnet mir die wirkliche Genussdimension beim Tee. Die Angebotspalette ist breit und einiges davon schmeckt mir. Der Winterapfel mit Zimt jedenfalls ist ganz oben mit dabei. Anders als die sommerlichen Tees (die ich ja nur trinke, weil ich mir etwas davon erhoffe) kann ich jetzt genießen. Ich mache eine kleine Teezeremonie daraus. Dafür kommen die guten Teetassen auf den Tisch, das Stövchen und die Teekanne. Dafür nehme ich mir Zeit. Komisch: die hätte ich ja auch im Sommer, oder? Meine Erkenntnis daraus lautet:

DER WINTER SCHENKT MIR IMMER WIEDER ZEIT, DINGE ZU TUN, DIE ZWECKFREI, ABER NICHT SINNLOS SIND.

Dieses Un-Verzweckte macht das Leben lebenswert und damit sinnvoll. Das fängt beim Winterapfel mit Zimt an und sollte dort noch lange nicht aufhören.

Bastian Rütten

Altes
KAMINSTÜCK

Draußen ziehen weiße Flocken
Durch die Nacht, der Sturm ist laut;
Hier im Stübchen ist es trocken,
Warm und einsam, stillvertraut.

Sinnend sitz ich auf dem Sessel,
An dem knisternden Kamin,
Kochend summt der Wasserkessel
Längst verklungne Melodien.

Und ein Kätzchen sitzt daneben,
Wärmt die Pfötchen an der Glut;
Und die Flammen schweben, weben,
Wundersam wird mir zu Mut.

Dämmernd kommt heraufgestiegen
Manche längst vergessne Zeit,
Wie mit bunten Maskenzügen
Und verblichner Herrlichkeit.

Schöne Fraun, mit kluger Miene,
Winken süßgeheimnisvoll,
Und dazwischen Harlekine
Springen, lachen, lustigtoll.

Ferne grüßen Marmorgötter,
Traumhaft neben ihnen stehn
Märchenblumen, deren Blätter
In dem Mondenlichte wehn.

Wackelnd kommt herbeigeschwommen
Manches alte Zauberschloss;
Hintendrein geritten kommen
Blanke Ritter, Knappentross.

Und das alles zieht vorüber,
Schattenhastig übereilt –
Ach! da kocht der Kessel über,
Und das nasse Kätzchen heult.

Heinrich Heine

BROT IN DEINER HAND

In der Jakobstraße in Paris liegt ein Bäckerladen; da kaufen viele Hundert Menschen ihr Brot. Der Besitzer ist ein guter Bäcker. Aber nicht nur deshalb kaufen die Leute des Viertels dort gern ihr Brot. Noch mehr zieht sie der alte Bäcker an: der Vater des jungen Bäckers. Meistens ist nämlich der alte Bäcker im Laden und verkauft. Dieser alte Bäcker ist ein spaßiger Kerl. Manche sagen: Er hat einen Tick. Aber nur manche; die meisten sagen: Er ist weise, er ist menschenfreundlich. Einige sagen sogar: Er ist ein Prophet. Aber als ihm das erzählt wurde, knurrte er vor sich hin: „Dummerei ..." Der alte Bäcker weiß, dass man Brot nicht nur zum Sattessen brauchen kann, und gerade das gefällt den Leuten.

Manche erfahren das erst beim Bäcker an der Jakobstraße, zum Beispiel der Autobusfahrer Gerard, der einmal zufällig in den Brotladen an der Jakobstraße kam. „Sie sehen bedrückt aus", sagte der alte Bäcker zum Omnibusfahrer. „Ich habe Angst um meine kleine Tochter", antwortete der Busfahrer Gerard. „Sie ist gestern aus dem Fenster gefallen, vom zweiten Stock."

„Wie alt?", fragte der alte Bäcker. „Vier Jahre", antwortete Gerard. Da nahm der alte Bäcker ein Stück vom Brot, das auf dem Ladentisch lag, brach zwei Bissen ab und gab das eine Stück dem Busfahrer Gerard. „Essen Sie mit mir", sagte der alte Bäcker zu Gerard, „ich will an Sie und Ihre kleine Tochter denken."

Der Busfahrer Gerard hatte so etwas noch nie erlebt, aber er verstand sofort, was der alte Bäcker meinte, als er ihm das Brot in die Hand gab. Und sie aßen beide ihr Brotstück und schwiegen und dachten an das Kind im Krankenhaus. Zuerst war der Busfahrer Gerard mit dem alten Bäcker allein. Dann kam eine Frau herein. Sie hatte auf dem nahen Markt zwei Tüten Milch geholt und wollte nun eben noch Brot kaufen. Bevor sie ihren Wunsch sagen konnte, gab ihr der alte Bäcker ein kleines Stück Weißbrot in die Hand und sagte: „Kommen Sie, essen Sie mit uns: Die Tochter dieses Herrn liegt schwerverletzt im Krankenhaus – sie ist aus dem Fenster gestürzt. Vier Jahre ist das Kind. Der Vater soll wissen, dass wir ihn nicht allein lassen." Und die Frau nahm das Stückchen Brot und aß mit den beiden.

So war es oft in dem Brotladen, in dem der alte Bäcker die Kunden bediente. Aber es passierte auch anderes, über das sich die Leute noch mehr wunderten. Da gab es zum Beispiel einmal die Geschichte mit Gaston: An einem frühen Morgen wurde die Ladentür aufgerissen und ein großer Kerl stürzte herein. Er lief vor jemandem fort: das sah man sofort, und da kam der offene Bäckerladen gerade recht. Er stürzte also herein, schlug die Tür hastig hinter sich zu und schob von innen den Riegel vor. „Was tun denn Sie da?", fragte der alte Bäcker. „Die Kunden wollen zu mir herein, um Brot zu kaufen. Machen Sie die Tür sofort wieder auf." Der junge Mann war ganz außer Atem.

Und da erschien vor dem Laden auch schon ein Mann wie ein Schwergewichtsboxer, in der Hand eine Eisenstange. Als er im Laden den jungen Mann sah, wollte er auch hinein. Aber die Tür war verriegelt. „Er will mich erschlagen", keuchte der junge Mann. „Wer? Der?", fragte der Bäcker. „Mein Vater", schrie der Junge, und er zitterte am ganzen Leib. „Er will mich erschlagen. Er ist jähzornig. Er ist auf neunzig!" „Das lass mich nur machen", antwortete der alte Bäcker, ging zur Tür, schob den Riegel zurück und rief dem schweren Mann zu: „Guten Morgen, Gaston! Am frühen Morgen regst du dich schon so auf? Das ist ungesund. So kannst du nicht lange leben. Komm herein, Gaston! Aber benimm dich! Lass den Jungen in Ruh! In meinem Laden wird kein Mensch umgebracht." Der Mann mit der Eisenstange trat ein.

Seinen Sohn schaute er gar nicht an. Und er war viel zu er-
regt, um dem Bäcker antworten zu können. Er wischte sich
mit der Hand über die feuchte Stirn und schloss die Augen.
Da hörte er den Bäcker sagen: „Komm, Gaston, iss ein Stück
Brot, das beruhigt. Und iss es zusammen mit deinem Sohn;
das versöhnt. Ich will auch ein Stück Brot essen, um euch
bei der Versöhnung zu helfen." Dabei gab er jedem ein Stück
Weißbrot. Und Gaston nahm das Brot, auch sein Sohn nahm
das Brot. Und als sie davon aßen, sahen sie einander an, und
er alte Bäcker lächelte beiden zu. Als sie das Brot gegessen
hatten, sagte Gaston: „Komm, Junge, wir müssen an die
Arbeit!"

Heinrich A. Mertens

EINTOPFTAGE

Immer samstags, und das nicht nur im Winter: Eintopf. So war das bei mir zu Hause. Und heute, immer wieder auch mal samstags: Eintopf. Da gibt es die mit vielen Zutaten, die, die echte Klassiker sind, und auch die ganz einfachen, die mit wenigen Zutaten ein wunderbar wärmendes Gericht zaubern. Und das Schönste ist das Genießen – zusammen mit anderen. Alle sitzen vor ihren Tellern, der Duft zieht durchs Zimmer, einer bricht Brot und reicht es weiter.

**JA, SO FÜHLT ES SICH AN:
WÄRMEND, ZUFRIEDEN, GEMEINSAM.**

Nimm dir Zeit, mal wieder deinen Lieblingseintopf zu kochen und gemeinsam mit Freunden oder der Familie am Tisch zu genießen.
Vielleicht probierst du auch mal dieses Rezept aus:

ROTE Linsensuppe

Zutaten: etwas Öl, 1 EL rote Currypaste, 1–2 TL Ingwer (fein gehackt), 1 Zwiebel, 200 g rote Linsen, etwas Curry-pulver, 1 rote Paprika, 750 ml Brühe (Gemüse- oder Hühner-brühe), 400 ml Kokosmilch, etwas Salz und Pfeffer, Saft einer ½ Zitrone

Ingwer und Zwiebel fein hacken, Paprika waschen und in grobe Stücke schneiden. Die Linsen in einem Sieb unter kaltem Wasser kurz abspülen.
In einem Topf das Öl erhitzen und die Currypaste darin anschwitzen. Die Zwiebelwürfel und den Ingwer andünsten.
Die roten Linsen kurz andünsten und die Paprika hinzugeben. Kokosmilch und Brühe dazugeben. Alles ca. 40–45 Minuten köcheln lassen.
Mit einem Pürierstab pürieren. Mit Salz, Pfeffer und Zitro-nensaft abschmecken.
Ich reiche dazu gerne etwas Brot und einen einfachen Joghurt-Dip.

VIEL FREUDE BEIM KOCHEN UND GENIESSEN!

DAS LIED DES *Feuers*

Es ist kalt draußen und nass. Früh wird es schon dunkel. Du sehnst dich nach Licht und Wärme und nach einem trockenen Plätzchen. Am liebsten möchtest du dich in einen Sessel kuscheln, der an einem Ofen steht. Oder du träumst davon, vor einem offenen Kamin zu liegen. Einem Kamin, in dem heimelig ein Feuer brennt. Du denkst an Holzscheite, die im Feuer knacken und eine wohlige Wärme verbreiten. So einen Kamin, wie du ihn von Bildern her kennst, wünschst du dir. Du wünschst dir seine Wärme und seine Gemütlichkeit. Du denkst an diesen wohlig warmen Kamin. Und du schließt die Augen. Du stellst dir vor, du sitzt auf einem dicken, weichen Kissen vor einem Kamin. Und dann siehst du ihn, den wohlig warmen Kamin. Er ist aus weißen Steinen gemauert und er ist so groß, dass ein erwachsener Mensch ihn betreten könnte. Dicke Holzscheite sind auf dem Rost zu einem Holzstoß aufgeschichtet. Der ruht auf kleinen Hölzern, die zum Anfeuern dienen. Wie sehr wünschst du dir die Wärme eines Feuers nun. Du greifst nach einem dieser langen Zündhölzer, entzündest es und hältst es an die Anfeuerhölzchen, auf denen der Holzstapel ruht. Psst! Du hörst es leise knistern und knacken. Schon züngeln erste kleine Flämmchen aus den Hölzchen heraus. Sie wachsen, werden größer, knistern laut und lauter und flackern an den Holzscheiten empor.

Überall im Kamin knistert und knackt es nun und bald lodern Flammen aus allen Hölzern im Stapel, der auf dem Kaminrost liegt. Langsam, ganz langsam wandert die Wärme, die das kleine Feuer ausstrahlt, bis zu dir herüber. Du freust dich und hältst die kalten Hände nahe an das Feuer. Wie gut sie tut, die Wärme. Sie wandert von deinen Fingern in die Hände und Arme und erreicht deinen Körper, dein Gesicht. Hmm! Gut fühlt sich das an. Wohlig. Kuschelig. Das kalte, nasse Wetter draußen vor der Tür ist vergessen. Spürst du die Wärme des Feuers in den Fingern, Händen, Armen, am Körper, im Gesicht? Fühle! Stelle es dir genau vor. Du fühlst dich warm. Kuschelig warm. So gut tut sie, die Wärme! So gut! Spürst du sie? Und spürst du, wie du dich ruhig und wohl und kuschelwarm fühlst? Ruhig und wohl und kuschelwarm. Das Holz im Kamin knackt laut. Das Knacken erzählt dir von der Arbeit, die die Flammen verrichten. Hörst du es? Und da! Jenes Sirren! Luft entweicht den Holzscheiten. Leise sirrt es und singt dir eine Melodie vor. Es ist die Melodie des Holzes und der Flammen. Psst! Hörst du sie? Leise, ganz leise singen sie dir ihr Lied vor. Das Lied des Feuers. Lausche der Musik des Feuers. Lausche den Geschichten der Holzscheite. Höre die Lieder der Flammen. Genieße die Wärme, die sie dir schenken. Genieße und danke und freue dich über das Geschenk, das Holz und Feuer dir machen. Psst!

Elke Bräunling

WER ZEIT ZUR STILLE FINDET,
STÄRKT SEINE FÄHIGKEIT,
SEINE *Ruhe* NICHT ZU VERLIEREN.

Ernst Ferstl

Stille

Watteweich
GEBORGEN

Es schneit. Und sofort tritt dieser ganz besondere Effekt ein: alle Geräusche klingen gedämpft. Die Autos, der Zug – alles klingt, als ob es weit weg wäre, jemand ein Tuch über die Töne, die Klänge legt. Das hat mich schon immer fasziniert. Ich hole meine Wanderschuhe und starte Richtung Wald. Die Schneeflocken fallen weiter intensiv vom Himmel. Es ist, als wäre auch ich wie in Watte eingepackt. Ich genieße die Ruhe, dieses Gefühl von Geborgenheit.

Wenn es das nächste Mal schneit, lass dich von diesem geborgenen, watteweichen Eindruck einnehmen.

GENIEßE DIESES
WUNDERBARE NATURGESCHENK
IN VOLLEN ZÜGEN.

DAS DORF
im Schnee

Still, wie unterm warmen Dach,
Liegt das Dorf im weißen Schnee;
In den Erlen schläft der Bach,
Unterm Eis der blanke Schnee.
Weiden stehn im weißen Haar,
Spiegeln sich in starrer Flut;
Alles ruhig, kalt und klar
Wie der Tod, der ewig ruht.
Weit, so weit das Auge sieht,
Keinen Ton vernimmt das Ohr.
Blau zum blauen Himmel zieht
Sacht der Rauch vom Schnee empor.
Möchte schlafen wie der Baum,
Ohne Lust und ohne Schmerz;
Doch der Rauch zieht wie im Traum
Still nach Haus mein Herz.

Klaus Groth

STILLE
erfahren

Eines Tages kam ein Wanderer zu einem Mönch, der völlig abgeschieden und zurückgezogen lebte. Der Wanderer war sehr durstig und bat den Mönch um etwas Wasser. Da ging der Mönch mit ihm zu einem kleinen Brunnen und schöpfte etwas Wasser. Der Wanderer nahm das Wasser dankbar entgegen und trank. Als er seinen Durst gestillt hatte, fragte er: „Sag, lieber Mönch, welchen Sinn siehst du in einem Leben der Stille?" Der Mönch zeigte auf das immer noch aufgewühlte Wasser im Brunnen und sagte: „Schau auf das Wasser. Was siehst du?" Fragend blickte der Wanderer auf das Wasser. Schließlich sagte er: „Nichts. Ich sehe nichts." Schweigend stand der Mönch mit dem Wanderer am Brunnen. Nach einer Weile sagte der Mönch: „Schau auf das Wasser. Was siehst du jetzt?" Der Wanderer beugte sich über den Brunnen und blickte noch einmal hinab auf das Wasser. „Jetzt sehe ich mich selbst!", antwortete der Wanderer. „Das ist der Sinn der Stille", sagte der Mönch. „Man sieht und erkennt sich selbst!"

Weisheitsgeschichte

Seelenruhe

Es liegt im Stillsein
eine wunderbare
Macht der Klärung,
der Reinigung, der Sammlung
auf das Wesentliche.

Dietrich Bonhoeffer

DAS GERÄUSCH

Achte auf das feine,
unaufhörliche Geräusch.
Es ist die Stille.
Horche auf das, was man hört,
wenn man nichts mehr vernimmt.

Paul Valéry

Ruhe FINDEN

Lass deinen Atem fließen.
Achte auf dich.
Spüre nach:
Was brauchst du jetzt?
Dein Körper wird es dir sagen.
Nimm es an. Es ist gut.

DU BIST GUT, SO WIE DU BIST.

Vera Lörks

MOMENTE
der Stille

Es gibt Situationen in meinem Leben, in denen ich die Stimmen der Menschen um mich herum mehr wahrnehme als meine eigene. In denen ich verunsichert bin vom Lärm da draußen. Dann ziehe ich mich zurück, an einen Ort, an dem alles still ist. Wenigstens für einen kurzen Moment.

In der Stille kann ich mir selbst zuhören. Dann bin ich wieder in Kontakt mit dem Menschen, der ich wirklich bin. Bin verbunden mit meiner inneren Stimme. Diese Vertrautheit tut mir gut und sie lässt mich erkennen, dass es da einen inneren Ort gibt, zu dem ich immer Kontakt aufnehmen kann – ganz gleich, wie laut es um mich herum gerade ist.

ERLAUBE DIR DIESE WOCHE EINEN MOMENT DER RUHE UND DER STILLE UND HÖRE DIR SELBST GANZ AUFMERKSAM ZU ...

Ruth Plege

DIE STILLE
SCHENKT DEINER SEELE
RAUM ZUM
Träumen, Leben,
Hoffen.

Udo Hahn

Wie der Schnee seine Farbe bekam

Als der liebe Gott schon alles erschaffen hatte – die Sonne, das Gras, die Bäume, die Tiere und die Blumen in all den prächtigen Farben des Regenbogens –, da schuf er noch ganz zuletzt den Wind und den Schnee. Weil aber niemand den kalten Schnee gern mochte, wollte der liebe Gott ihm eine Freude machen: Der Schnee durfte sich seine Farbe selbst aussuchen und sie sich von irgendeinem anderen Geschöpf auf der Welt erbitten. Der Schnee machte sich also auf den Weg und besuchte alle bunten Gewächse der Erde. Er ging zum Gras, zu den Veilchen, zu den Rosen, zu den Sonnenblumen und bat sie: „Gebt mir doch etwas von eurer Farbe, damit ich auch ein prächtiges Kleid bekomme!" Aber keine der vielen Pflanzen wollte die Bitte des Schnees hören und etwas von seiner Farbe abgeben. Im Gegenteil: Frierend wandten sich die Blumen und Gräser vom Schnee ab und wollten mit ihm nichts zu tun haben.

Niedergeschlagen und traurig ließ sich der Schnee schließlich am Straßenrand nieder und klagte: „Keiner will mir etwas

von seiner Farbe abgeben. Dann muss ich eben unsichtbar bleiben. Niemand wird mich sehen können, nur spüren kann man mich wie den ungeliebten Wind. Und ich werde von allen Geschöpfen gehasst werden."

So jammerte der Schnee und nahm an, dass niemand seine verzweifelten Worte gehört hatte. Ein winzig kleines Schneeglöckchen, das neben ihm am Straßenrand aus der Erde spross, hatte aber seine Worte vernommen. Es sagte zum Schnee: „Wenn dir mein bescheidener Umhang gefällt, so schenke ich dir gern etwas von meiner Farbe." Der Schnee war außer sich vor Freude. Er bedankte sich hundertmal beim Schneeglöckchen und verneigte sich immer wieder tief. Der Schnee nahm das Geschenk an, und seit diesem Tag ist er weiß. Das Schneeglöckchen aber ist bis heute der Freund des Schnees. Es ist die einzige Blume, die in seiner Nähe blüht.

Nach einer Legende

DIE SCHÖNSTEN GESCHENKE
DER KALTEN JAHRESZEIT SIND
MOMENTE DER *Liebe* UND *Geborgenheit.*

Geborgenheit

Warm
EINGEPACKT

An manchen Tagen sehnen wir uns so sehr
nach einer warmen, weichen Decke,
in die wir uns hineinkuscheln können,
die uns von den Zehenspitzen
bis zur Nasenspitze zudeckt
und uns Geborgenheit schenkt.
Wenn uns dann noch ein heißer Tee wärmt,
können wir uns sogar über
die Eisblumen am Fenster freuen,
die uns der Winter schenken möchte.

Tanja Sassor

MEINE KUSCHELDECKE
und ich

Ich mache es mir heute mit meiner Kuscheldecke gemütlich. Sie hat mich schon an vielen Winterabenden gewärmt. Besonders nach Tagen, die alle meine Nerven geraubt haben. Wenn ich mich in meiner Kuscheldecke einwickle, fühle ich mich so richtig geborgen. Sie ist wie ein Schutzschild: Kein Ärger, kein Stress, keine dummen Kommentare können einem etwas anhaben. Wie beruhigend, wenn sie die Haut berührt. Kuscheldecken sind geschmeidig, warm und weich. So ziemlich das Gegenteil von vielen Zeitgenossen – und manchmal auch von mir. Weich sein? Wird heute oft mit Schwäche gleichgesetzt. Am besten spaziert man mit einem Schutzpanzer durch die Gegend.

Warum sind wir nicht alle im Alltag ein bisschen mehr wie eine Kuscheldecke? Wie leicht fällt es mir, meine Schwächen zu zeigen?

WIE SCHWER FÄLLT ES MIR, „WEICH" ZU SEIN?

Stephan Sigg

GEBORGENHEIT

Welle umspült
den glatten Stein
aus der Tiefe ans
Licht geboren.
Gedanken bauen mir
ein Haus,
umrauscht vom Wind. –
Trautes
Lauschen
bleibt drinnen
geborgen.

Otto Reinhards

AM UFER DES
Augenblicks

Lass uns Zeit nehmen
füreinander.
Lass uns die Böschung
der Vergänglichkeit
mit unvergesslichen Stunden
und Augenblicken befestigen,
gegen den Strom der Zeit
anschwimmen.

Lass uns verweilen
am Ufer des Augenblicks,
bis unsere Sehnsucht
groß und stark genug ist,
dass sie den langen Weg
ins Meer der Geborgenheit
ohne unterzugehen
schaffen kann.

Ernst Ferstl

RAUM DER
Sehnsüchte

Weit muss ich dafür nicht: Vor meinem Bücherregal gibt es einen Sessel, der mir große Geborgenheit gibt. Umgeben von Büchern, die mir viel bedeuten, die mich oft in andere Welten bringen, kann ich mich ganz umschlossen fühlen. Und gleichzeitig schenkt mir der Ausblick aus dem Fenster Weite und Öffnung.

**WO IST DEIN RAUM DER SEHNSUCHT?
LIEGT ER FÜR DICH AUCH SO NAH ODER
SCHWEIFST DU IN DIE FERNE?**

Ich wünsche dir einen solchen Raum, und dass du ihn oft aufsuchen kannst.

WIE EIN Traum

Ganz still, zuweilen wie ein Traum
klingt in dir auf ein fernes Lied.
Du weißt nicht, wie es plötzlich kam,
du weißt nicht, was es von dir will.
Und wie ein Traum ganz leis und still
verklingt es wieder, wie es kam.

Wie plötzlich mitten im Gewühl
der Straße, mitten oft im Winter
ein Hauch von Rosen dich umweht.
Oder dann und wann ein Bild
aus längst vergessenen Kindertagen
mit fragenden Augen vor dir steht.

Ganz still und leise, wie ein Traum,
du weißt nicht, wie es plötzlich kam,
du weißt nicht, was es von dir will,
und wie ein Traum ganz leis und still
verblasst es wieder, wie es kam.

Cäsar Flaischlen

GEBORGENZEIT

Einer rechts und eine links sitzen wir unter einer Decke. Der Tag war lang und anstrengend, aber das ist jetzt unsere „Geborgenzeit".

Ich fange an vorzulesen und merke, wie die beiden sich immer mehr entspannen. Da lehnt sich der erste Kopf gegen meine Schulter, ein erster kleiner Entspannungsseufzer entfleucht. Nun fange auch ich an, mich immer geborgener zu fühlen, und spüre dem nach.

„Lies weiter", klingt es leise, denn ich habe gar nicht gemerkt, dass ich aufgehört habe.

ES IST SO SCHÖN GEBORGEN.

Zuhause

Werden, was ich sein soll:
Mensch.
Einen Ort finden,
an dem ich sein darf.
Ruhe finden.
Mich finden.
Sinn finden.
Zuhause sein.
In mir.
Leben.

Udo Hahn

Familienkeks

Egal wann ich bei meiner Tante und meinem Onkel auftauche, nie habe ich das Gefühl zu stören. Gleich heißt es:

„KOMM REIN. ICH MACHE KAFFEE."

Wir sitzen im Wohnzimmer und reden schon los. Meine Tante greift nach rechts und holt die Dose: „Hier, ein bisschen Süßes zum Kaffee." Und da sind sie, die Kekse, die das ganze Jahr gebacken werden. Mittlerweile auch von mir. Damit ich immer etwas kleines Feines zum Kaffee anbieten kann. Denn irgendwie macht es das „Zusammen-Kaffee-trinken-und-reden" noch ein kleines bisschen gemütlicher. Und damit du das demnächst auch kannst, gibt es hier das Familienkeks-Rezept:

Du brauchst: 125 g Butter, 200 g Zucker,
1 Ei, 80 g gehackte Mandeln, 90 g Haferflocken (halb kernige, halb blütenzarte),
80 g Mehl, 1 TL Backpulver

Und so bereitest du sie zu: Butter schaumig rühren.
Dann den Zucker unterrühren, und sobald es eine glatte
Masse ist, das Ei einrühren. Danach Haferflocken, Mandeln,
Mehl und Backpulver dazugeben und verrühren.
Mit einem Teelöffel kleine Häufchen auf ein Backblech ge-
ben. Die Plätzchen laufen ein wenig auseinander, deshalb
lass zwischen ihnen genügend Platz.

Nun bei 180° C ca. 10 bis 12 Minuten backen.

Lass sie auskühlen und bewahre die Kekse in einer Dose auf.

ICH WÜNSCHE DIR KNUSPRIGE KEKSMOMENTE.

EIN WORT,
DAS VON *Herzen* KOMMT,
MACHT DICH
DREI WINTER WARM.

Sprichwort

Miteinander

Winterbesuche

So richtig Lust habe ich nicht. Ich stehe an der Tür meines Nachbarn und klingele. „Komm rein," sagt er und lächelt mich an. „Wie schön, dass du kommst. Jetzt im Winter sieht man sich auf der Straße kaum noch!"

„Ja", erwidere ich, „da hast du recht. Deshalb bin ich auch hier und wollte mal schauen, wie es dir geht."

Schnell sitzen wir im Wohnzimmer. Der Nachbar kocht einen Tee und wir reden fast eine Stunde. Wie immer fragt er zuerst, wie es bei uns so geht, bevor ich mich nach ihm und seiner Familie erkundige. Ich verabschiede mich: „Bis bald!" Er steht in der Tür mit einem glücklichen Gesicht.

Mir geht es jetzt besser und ich gehe eine Türe weiter. Da wohnt die Nachbarin, allein, so wie noch ein paar Menschen mehr in unserer Straße. Heute Abend bin ich bestimmt erschöpft, aber dankbar für solche Nachbarn.

NIMM DIR HEUTE ZEIT, EINEN NACHBARN,
EINEN BEKANNTEN ODER FREUNDE ZU KONTAKTIEREN.

DU BRAUCHST SIE NICHT GLEICH ZU BESUCHEN,
ABER RUF DOCH EINFACH MAL AN.

NETTE NACHBARN VERMITTELN
EIN GEFÜHL VON *Geborgenheit*
WIE HELL ERLEUCHTETE FENSTER
IM DUNKEL DER NACHT.

Irmgard Erath

EINLADUNG

Komm herein
und nimm Platz
in meinem Lächeln,
es ist groß genug
für uns beide,
und auch
den einen oder anderen
mag es wärmen,
der nur vorübergeht:
weil mein Herz
vor lauter Glück
heute sperrangelweit
offensteht.

Isabella Schneider

Unerwartet

Jemand
kommt auf mich zu,
obwohl ich ihn nicht erwarte.
Jemand
hört mir zu,
obwohl ich ihn nicht anspreche.
Jemand
steht auf meiner Seite,
obwohl ich nicht damit rechne.

Udo Hahn

WINTERBLUES?
Nein, danke!

Der Tag begann kalt, nebelig und trübe. Getrübt war auch die Stimmung der Menschen in der Stadt. Mit finsteren Blicken und vergrämten Mienen hasteten sie durch die Straßen. Sie hatten es eilig, ins Warme zu kommen und dort das Licht zu finden, das ihnen der Tag in dieser grauen Zeit vorenthielt. Irgendwo musste man schließlich etwas zum Freuen finden. Ein leises Licht, das dem Dunkel trotzte und die Herzen erwärmte. Auch auf dem Markt bei der Laurentiuskirche war es an diesem Vormittag so dunkel, dass man meinen konnte, man hätte sich in der Zeit geirrt und es sei bereits Abend. „Es will heute nicht hell werden", klagte die Gemüsefrau. „Das kriecht mir aufs Gemüt."

„Seit Tagen geht das so!", sagte eine Kundin. „Sie glauben nicht, wie schwer es mir heute Morgen gefallen ist, mein warmes Bett zu verlassen. Gar nicht rausgehen wollte ich."

„Damit sind Sie nicht alleine!", stimmte die Frau neben ihr zu. „Es kostet Anstrengung, nicht trübselig zu werden. Und deshalb kaufe ich mir jetzt buntes Gemüse für eine Gute-Laune-Suppe. Die Vitamine werden helfen."

„Gute Idee!" Der Herr neben ihr nickte. „Da werde ich doch glatt Ihrem Beispiel folgen. Suppe und dazu zwei Stücke von dem köstlichen Apfelkuchen, den ich gerade erstanden habe." Er hielt eine Tüte hoch und schnupperte daran. „Das hier riecht auch nach guter Laune."

„Stimmt genau!", rief der Bäcker vom Brötchenwagen. „Süßes tut gut und streichelt die Seele. Auch wenn viele heutzutage sagen, Zucker sei ungesund."

„Ist er auch!", wandte eine junge Frau ein. „Aber Traurigkeit ist es auch." Sie grinste, kaufte ein Franzbrötchen und biss voller Genuss hinein. „Ahh!" Ihre Augen glänzten.

Die umstehenden Leute lächelten. „Dazu empfehle ich eine heiße Schokolade", sagte eine ältere Dame. „Sie wirkt Wunder."

„Das tut mein Honig auch!", pries der Imker vom Stand gegenüber an. „Es gibt nichts Besseres als Kräutertee mit gutem Blütenhonig, der die Gedanken beim Genuss in den Frühling und Sommer entführt."

„Und dazu empfehle ich meine Kräuter!", ergänzte die Kräuterfrau. „Pfefferminze, Melisse, Verbenen, Kamille, Thymian und Salbei. Frisch geerntet im Sommer und behutsam getrocknet in meinem Kräuterschuppen. Ihr Duft zaubert die Sonne in Ihre Seele."

„So wie meine Gewürze! Ingwer, Zimt, Chili, Kurkuma, Kardamom und Anis sind Balsam bei Winterblues und traurigen Gefühlen", rief der Händler mit den vielen bunten Gewürztüten. „Sie sind ein Fest für die Sinne."

„Und Kartoffeln! Es geht nichts über eine Pfanne feiner, knuspriger Bratkartoffeln mit Spiegeleiern und frisch geerntetem Feldsalat", meldete sich die Marktfrau wieder zu Wort. „Ich sage Ihnen, das wirkt immer."

„Ein Mettbrötchen mit Petersilie und Zwiebeln hilft auch! Und Fleisch! Jawohl! Ein gutes, mageres Stück Fleisch schmeckt wunderbar!", meldete sich der Marktmetzger zu Wort, und die Eierfrau rief:

„Eier! Essen Sie Eier! Sie machen fröhlich."

„Das tut das Licht meiner Kerzen auch!" Die junge Frau vom Kerzenstand hielt eine Handvoll gelber, roter, weißer und rosafarbener Kerzen in die Höhe. „Es lässt die Augen wieder lachen."

„Und Schokolade!", rief der Mann von der Naschtruhe gegenüber mit all den verführerisch süßen Leckereien. „Es geht nichts über einen Schokoladenhoniggewürzkeks."

Immer mehr Tipps und Ratschläge und Angebote hallten über den Marktplatz. Rund ging es zu. Und bunt. Und ein bisschen war es auch schon heller geworden.

Der Tag hatte nun doch ein Lächeln in die Gesichter der Menschen gezaubert.

„Ungesund! Das ist doch alles nicht gesund und schadet bloß dem Körper", quäkte da die griesgrämige Stimme einer Frau. „Ich empfehle Ihnen …"

Sie kam aber nicht weiter, denn die Stimme der älteren Dame, die heiße Schokolade so sehr liebte, tönte lauter nun. „Ha!", rief sie. „Die ganze Winterzeit ist ungesund. Und? Bisher haben wir noch jeden Winter überlebt, und mal ehrlich, mit guter Laune und einem Lächeln tut man sich leichter."

Der Beifall, der nun ertönte, klang laut und fröhlich, und mehr war dazu im Moment auch nicht zu sagen. Vielleicht so viel noch: Jener dunkle, graue Tag endete für viele Marktbesucher ganz anders, als er begonnen hatte, und das war doch etwas, oder?

Elke Bräunling

Süßes
WINTERBROT

Zutaten: 500 g Äpfel, 100 g Rosinen, 150 g brauner Zucker, 75 ml Rum, 2 TL Zimt, ¼ TL Nelkenpulver, 400 g Mehl, ½ Pck. Backpulver, 125 g grob gehackte Haselnüsse, 1 EL Kakaopulver, Puderzucker

Die Äpfel schälen, das Kerngehäuse entfernen und grob raspeln. Rosinen, Zucker, Rum und Gewürze untermischen, gut durchziehen lassen.

Nun das Mehl und das Backpulver sieben, mit Haselnüssen und Kakao vermengen. Die Apfelmasse dazugeben und alles zu einem glatten Teig kneten. Diesen in eine gefettete Form füllen und im vorgeheizten Backofen bei 180°C ca. 60 Minuten backen.

Zum Schluss das Winterbrot nach dem Auskühlen mit Puderzucker bestreuen.

AM BESTEN SCHMECKT DAS WINTERBROT
IN GESELLSCHAFT. LADE DEINE FAMILIE UND FREUNDE
DOCH MAL SPONTAN ZU EINEM GEMÜTLICHEN
WINTERNACHMITTAG EIN.

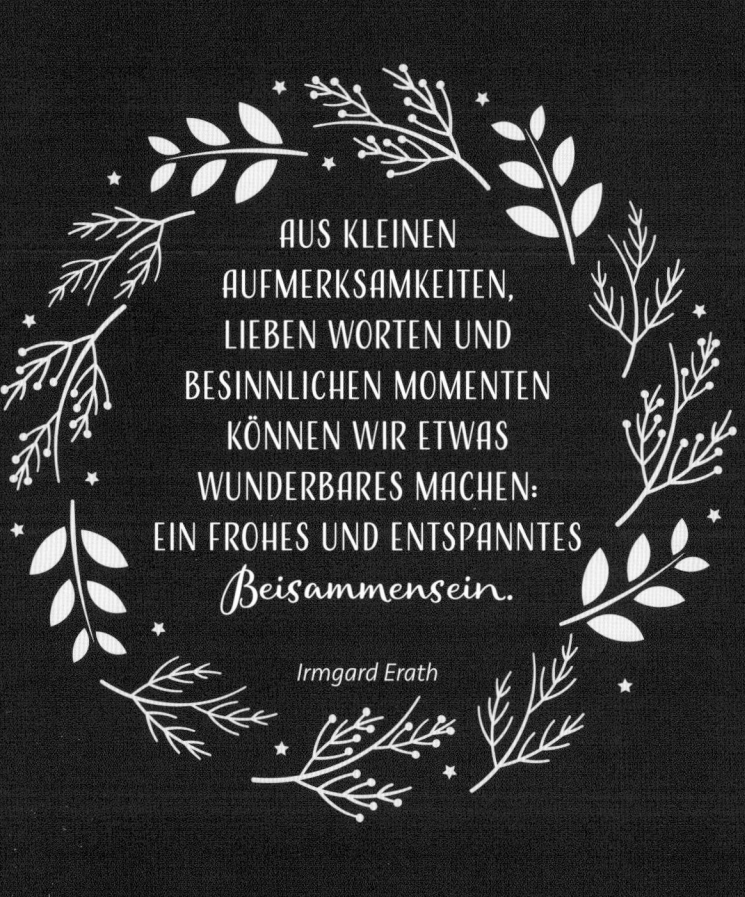

AUS KLEINEN
AUFMERKSAMKEITEN,
LIEBEN WORTEN UND
BESINNLICHEN MOMENTEN
KÖNNEN WIR ETWAS
WUNDERBARES MACHEN:
EIN FROHES UND ENTSPANNTES
Beisammensein.

Irmgard Erath

Kleine AUFMERKSAMKEITEN

Lieb nicht nur deine Liebsten,
lieb darüber hinaus.
Die größte Liebe, die schließt niemanden aus.
Liebe da, wo andere gar nicht hinschauen,
gerade dort, wo es schwer ist,
hilf Brücken zu bauen.
Zeig Liebe denen, die sonst unsichtbar scheinen,
den Schüchternen, Bescheidenen,
den unscheinbar Kleinen.
Liebe im Alltag – durch kleine Aufmerksamkeiten,
dafür gibt es viele Gelegenheiten.
Wenn du andere schätzt,
sprich es ruhig einmal aus,
so viel Kraft ziehen Menschen daraus.
Liebe auch dich selbst, gönn dir etwas Gutes,
gerade wenn das Leben dir vieles zumutet.
Liebe und wisse, auch du bist geliebt
von dem guten Gott, der für uns alles gibt.

Brigitte Mehler

GOTT LIEBEN

Wenn ich Gott liebe,
dann liebe ich die Schönheit der Körper,
den Rhythmus der Bewegung,
den Glanz der Augen, die Umarmungen,
die Gefühle, die Gerüche,
die Töne dieser bunten Schöpfung.
Alles möchte ich umarmen,
wenn ich dich, mein Gott, liebe,
denn ich liebe dich mit allen meinen Sinnen
in den Geschöpfen deiner Liebe.
Du wartest auf mich in allen Dingen,
die mir begegnen.

Jürgen Moltmann

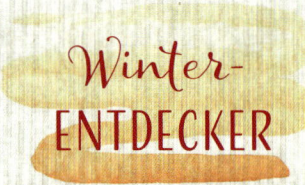

Winter-ENTDECKER

Eine Tradition wurde bei uns neu begründet: Der Winter hält uns nicht mehr davon ab, auch bei Kälte im Garten mit Freunden zusammen zu sein. Wir treffen uns zu einem Lagerfeuer und einem Glühwein mit lieben Freunden unter freiem Himmel. Das ist ein Event für die ganze Familie. Das Holz wird geschichtet und entzündet und der heiße und duftende Glühwein oder Winterpunsch wärmt in den Bechern und Tassen die Hände und später den Körper. Ohne diese Unterbrechung wären wir wahrscheinlich auf der Couch kleben geblieben. Vielleicht brauchen wir im Winter hier und da solche Open-Air-Momente. Der Winter liefert viel mehr Möglichkeiten, als wir auf den ersten Blick sehen. Viele von ihnen liegen aber außerhalb des Wohnzimmerradius. Ich mag Winter-Entdecker sein und die Augen aufhalten.

DAS WUNDER
IST NICHT WEIT WEG VON DIR.
ES SCHLUMMERT IN SEINEM VERSTECK.
VOR DEINER TÜRE.
GLEICH HINTER DER NÄCHSTEN ECKE.
IM KLEINEN WÄLDCHEN IN DER NACHBARSCHAFT.
IM STERNENHIMMEL ÜBER DEM FELD.

DU SOLLTEST AN WUNDER GLAUBEN,
UND SIE SUCHEN.
ES LOHNT.

Bastian Rütten

NICHTS BRINGT UNS
AUF UNSEREM WEG
BESSER VORAN
ALS EINE *Pause.*

Elizabeth Barrett Browning

Weg

DIE TÜR

Die Tür
nicht das Ding aus Holz
Die Tür
offen zu offnen Türen
zu offnen Wegen
zum Wald
Der Wald
nicht Bäume aus Holz
Der Wald aus atmenden Bäumen
Bäume aus atmendem Grün
Bruderberührung der Luft
Luft geatmet
in die offene Tür

Die Tür
nicht das Ding aus Holz

Rose Ausländer

Winterspaziergang

Wir genießen die kalte, klare Winterluft bei einem Wald-spaziergang. Der Schnee unter unseren Füßen knirscht. Verschneite Tannen strahlen eine herrliche Ruhe aus. Es ist winterstill, lautlos fallen Schneeflocken zwischen den Bäu-men auf die Erde. Auch wenn uns dicke Kleidung vor der Kälte schützt, sehnen wir uns nach einer Zeit wieder nach Wärme. Wir gehen zurück und freuen uns auf ein warmes Zuhause mit einer großen Tasse heißer Schokolade. Wir zün-den eine Kerze an und erfreuen uns an ihrem Licht, während es draußen schon dunkel geworden ist.

Tanja Sassor

EIGENE Wege GEHEN

Erst heute Nacht hat es geschneit, doch im Stadtpark haben Spaziergänger und Gassi-Geher schon unzählige Spuren auf der weißen Fläche hinterlassen. Eines fällt auf: So viele haben denselben Pfad genommen und den Schnee an der genau gleichen Stelle platt gedrückt. Links und rechts davon ist der Schnee noch unberührt.

Ich habe keine Lust auf die ausgetretenen Pfade. Es widerstrebt mir, es den anderen Spaziergängern gleichzutun. Ich stapfe in den Schnee hinein und gehe meinen eigenen Weg. Als ich über die Schulter einen Blick zurückwerfe, sehe ich meine Spuren.

Sie heben sich deutlich ab vom allgemeinen Trampelpfad. Warum genau das machen, was viele andere schon gemacht haben? Hätten sich all die Forscherinnen, Wissenschaftler, Künstlerinnen … auch an diese Lebenseinstellung gehalten, wären viele bahnbrechende Erfindungen nie zustande gekommen.

WER EIGENE WEGE GEHT,
KANN AUCH MAL IN EINER SACKGASSE
LANDEN ODER STOLPERN.
ABER ES IST EIN EIGENER WEG
MIT GANZ EIGENEN ERFAHRUNGEN.

Und sind es oft nicht gerade diese bewusst eingeschlage-
nen Pionierwege, bei denen spannende Abenteuer auf einen
warten? Es gibt schon zu viele, die es gleich machen. Aber
es gibt keinen, der es so macht wie ich. Vielleicht ermutigen
meine Spuren andere. Sie sehen sie und bekommen Lust,
auch ihre ganz eigenen Spuren zu hinterlassen.

Stephan Sigg

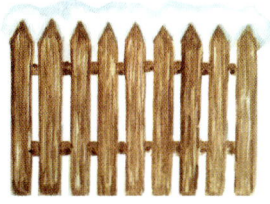

LOSLASSEN

Mein Los, zu lassen
die Gewohnheit, die mich steuert
das Verlangen, das mich durchzieht
die Sehnsucht, die mich bewegt
die Lust, die mich erfüllt
die Idee, die mich inspiriert
die Verantwortung, die mich bindet
die Freiheit, die mich lockt
die Absicht, die sich verwirklicht
Loslassen,
alles fallen lassen
auch mein Ich loslassen
Stolz, Eifersucht, Angst, Neid, Selbstbilder
und Lauheit sowieso
alles loslassen
landen
im Schoß der Liebe

Georg Leifels

Ein Weg
ZU MIR

Gott sagt nicht:
„Das ist ein Weg zu mir,
das aber nicht",
sondern er sagt:
„Alles, was du tust,
kann ein Weg zu mir sein,
wenn du es nur so tust,
dass es dich zu mir führt."

Martin Buber

Mein Standort

Vielleicht ist es Zeit,
den eigenen Standort
wahrzunehmen,
die Sehnsucht zu spüren,
den Kurs neu zu bestimmen.

Vielleicht ist es Zeit,
meiner Sehnsucht zu trauen,
meine Träume zu leben,
die Chancen zu sehen.

Petra Stadtfeld

ZEIT ZUM
Wünschen

Schreibe einen Wunschzettel.
Notiere darauf aber nicht deine
materiellen Wünsche, sondern das, was du
in deinem Leben ändern möchtest.
Das, was dir fehlt. Trau dich dabei, auch an
die großen Sachen zu denken.

LERNE DAS WÜNSCHEN.

Vera Lörks

Winterwunder

Ein jubelndes Lied
möchte ich dir singen
von neuer Schönheit
in alltäglichen Dingen
von des Winterwunders
verletzlicher Haut
von einer neuen Welt
die meine Seele geschaut
Schneeblüten schweben
auf kahlen Zweigen
Weißdorndiamanten tanzen
den Sonnenreigen …
ein bedeutsames Lied
will ich dir singen
von einer neuen Chance
in alltäglichen Dingen
von Wundern
die immer wieder geschehn
wenn man den Mut hat
neue Wege zu sehn
und zu gehn

Hildegard Kremer

EINMAL QUER
durch das Tal

„Es ist angekommen!", klingt es durch das Telefon und ich kann das Grinsen in ihrem Gesicht hören. Gemeinsam haben wir es ausgeheckt. Testen wir doch mal, wie lange es dauert, bis ein Gerücht unser kleines Tal entlanggewandert ist. Leben wir doch am jeweiligen Ende.

Also nichts wie los, und ich erzähle meiner Nachbarin rechts von dem geheimnisvollen Mann, der mir einfach einen Strauß Blumen geschenkt hat. Ja, das war geflunkert. Aber es hat funktioniert. Keine Stunde später hörte ich eben dieses:

„ES IST ANGEKOMMEN!"

So hin und wieder haben wir den Test wiederholt und es hat auch in die andere Richtung funktioniert und mit einem Grinsen im Gesicht habe ich dann angerufen und gesagt: „Es ist angekommen!"

NEIN, FLUNKERE NICHT, ABER NIMM DIR HEUTE DOCH MAL ZEIT FÜR ETWAS, DAS DIR EIN LÄCHELN INS GESICHT ZAUBERT.

WAS WÄRE DAS LEBEN OHNE FREUDE?
SIE IST EIN GESCHENK.
EIN *Geschenk*, DAS JEDEN TAG
AUF DICH WARTET.
DAS DARAUF WARTET,
VON DIR AUSGEPACKT ZU WERDEN.

Franz Hübner

Freude

Flocken-
GLÜCKSGEFÜHLE

„Es schneit, es schneit, kommt alle aus dem Haus ..."

Ja, ich weiß, das ist ein Kinderlied. Aber mit genau diesen Augen betrachte ich den ersten Schneefall des Jahres. Die Schneemenge darf gerne schnell wachsen, denn am liebsten möchte ich mich hineinlegen und einen Schnee-Engel machen.

SO WIE DAMALS ALS KIND.

SCHNEEFLOCKEN

Wende ich den Kopf nach oben:
Wie die weißen Flocken fliegen,
Fühle ich mich selbst gehoben
Und im Wirbeltanze wiegen.
Dicht und dichter das Gewimmel;
Eine Flocke bin auch ich. –
Wie viel Flocken braucht der Himmel,
Eh die Erde langsam sich
Weiß umhüllt?

Klabund

MIT EINEM GROßEN
Klecks Sahne

„Wenn schon, dann richtig", sagt meine Freundin und die zweite stimmt ein. Und wir tun es alle drei und bestellen die Waffel mit heißen Kirschen und einem großen Klecks Sahne. Zusammen sind wir gewandert und haben unterwegs schon viel geredet und einander zugehört. Jetzt sitzen wir zum Abschluss noch in dem schönen Gasthof und genießen die Wärme und die Waffeln mit dem großen Klecks Sahne. Das tut gut.

**JA, MANCHMAL MUSS DAS EINFACH SEIN.
DESHALB GENIEß AUCH DU HIN UND WIEDER
EINEN GROßEN KLECKS SAHNE!**

Am besten probierst du es gleich mit diesem Rezept aus:

Wohlfühl-
WAFFELN

Zutaten: 160 g weiche Butter, 100 g Zucker, 4 Eier, 320 g Mehl, 3 TL Backpulver, 2 TL Zimt, 260 ml Milch, 600 g Sauerkirschen aus dem Glas, 2 EL Zucker, 1–2 EL Speisestärke, 250 ml Sahne, 1 Pck. Vanillezucker, Speiseöl zum Einfetten

Die Butter mit dem Zucker schaumig schlagen. Eier nacheinander dazugeben und jeweils unterrühren. Mehl mit Backpulver und Zimt mischen und im Wechsel mit der Milch zur Buttermasse geben und unterrühren. Teig kurz ruhen lassen. In der Zwischenzeit die Sauerkirschen mit dem Saft und 2 EL Zucker in einem Topf erhitzen. Speisestärke mit etwas kaltem Wasser glatt rühren. Wenn die Kirschen zu kochen beginnen, Stärkegemisch nach und nach bis zur gewünschten Konsistenz unterrühren und alles kurz aufkochen lassen. Die Sahne mit dem Vanillezucker steif schlagen.
Das Waffeleisen erhitzen, leicht einfetten und die Waffeln nach und nach goldbraun backen.
Die fertigen Waffeln je mit einem Löffel heißer Kirschen und einem großen Klecks Schlagsahne servieren.

GENIESSEN UND WOHLFÜHLEN!

LÄCHELN

Nehmen wir an,
heute ist Schmuddelwetter.
Nehmen wir an,
heute läuft es nicht so,
wie du es dir gewünscht hast.
Was hindert dich daran,
dir trotzdem die Freiheit
herauszunehmen und …

EINFACH MAL ZU LÄCHELN?

Franz Hübner

GUTES
erkennen

Richte deinen Blick auf die schönen,
positiven, gelungenen Momente des Tages.
Fühle die *Dankbarkeit* in deinem Herzen,
wenn dir bewusst wird,
wie viel Gutes es bereits
in deinem Leben gibt.

Ruth Plege

WEIßE
Schönheit

Rund um Weihnachten steht sie in Blüte und zeigt ihre weiße Schönheit. Viele Legenden und Märchen beschreiben die Christrose und sehen in ihr ein Hoffnungssymbol.

In meinem Garten wachsen Christrosen, die meine Großmutter angepflanzt hat – na, wohl eher aus diesen entstandene Nachzöglinge. Und jedes Jahr aufs Neue erfreue ich mich an diesem Blühwunder der Winterzeit. Manchmal klebe ich ein Foto der Blüte auf eine Karte und verschicke diese an eine Freundin oder einen Freund. Vielleicht ist dann ein wenig von der Hoffnungsbotschaft mit dabei.

VIELLEICHT HAST AUCH DU EIN BILD DER HOFFNUNG, DAS DU ALS KARTE AN JEMANDEN SCHICKEN MAGST. DENN HOFFNUNG GIBT UNS KRAFT FÜR DIE ZUKUNFT.

BLUMEN IM WINTER
SIND DIE LIEBLICHSTEN
BOTEN DER FREUDE –
STILLE KLEINE
Herzenswärmer.

Irmgard Erath

Staunen

Da sitzt sie im Schnee und hat schon wieder die Handschuhe ausgezogen. Erst will ich mich ärgern, aber da strahlt sie mich an, die Zweijährige, mit den vor Kälte geröteten Wangen, eingepackt in einen dicken Schneeanzug. Die Augen vor lauter Freude ganz groß, nimmt sie staunend das Schneewunder war.

**MANCHMAL HILFT DER KINDERBLICK.
MACH MIT UND STAUNE
ÜBER DAS WUNDER.**

Dankbarkeit SPÜREN

Überlege dir heute, wofür du dankbar bist. Mache eine Liste und schreibe sie auf ein schönes Papier oder in dein Tagebuch. Bedenke dabei auch die kleinen Dinge, die du sonst als selbstverständlich erachtest. Du wirst erstaunt sein, wie viel dir einfällt. An Tagen, an denen du dich unzufrieden oder traurig fühlst, kannst du diese Liste wieder lesen.

Vera Lörks

DEN *Raum*,
DEN WIR UNS GEBEN,
UND DIE *Zeit*,
DIE WIR UNS NEHMEN,
HABEN WIR.

Wolfgang Schulze

Raum

EIN FEINER DUFT ZIEHT
durch das Haus

Es muss ein mehliger Apfel sein, finde ich. Und hinein gehören nach altem Rezept Marzipan, Rosinen, Zimt, Zucker oder Honig. Der Bratapfel ist winterliches Sonntagsritual bei uns. Wenn sich der köstliche Bratapfelduft langsam im ganzen Haus ausbreitet, ist die Vorfreude groß: Gleich ist es wieder Zeit für Genuss und Behaglichkeit!

Schon unglaublich, was man aus den guten Gaben von Mutter Natur so alles zaubern kann. Im frühen Herbst haben wir an Erntedank für die Ernte des Jahres gedankt.

Am Bratapfel im Winter zeigt sich, wie existenziell diese Dankbarkeit ist. Der dampfende Apfel erinnert mich an eine Grundhaltung der Dankbarkeit. Was im Jahreslauf gilt, gilt eben auch für mein Leben. Wir leben im kargen Winter von dem Glanz, den wir im Frühjahr säen, über den Sommer pflegen und im Herbst ernten. Das alles zahlt sich im Winter aus.

**SO WILL ICH AUCH MEIN LEBEN GESTALTEN,
UM IM WINTER MEINES LEBENS
AUS DEM VOLLEN SCHÖPFEN ZU KÖNNEN.**

Bastian Rütten

Winterlicher
BRATAPFEL

Zutaten: 2 säuerliche Äpfel, 60 ml Apfelsaft oder Rum, 2 EL Rosinen oder Cranberrys, 2 EL Mandelsplitter oder gehackte Haselnüsse, 50 g Marzipanrohmasse, 25 g Butter, 2 EL Honig, 1 TL Zimt, ¼ TL Muskatnuss

Die Rosinen oder Cranberrys im Apfelsaft oder Rum für ca. 1 Stunde ziehen lassen. Äpfel waschen und den oberen Teil wie einen Deckel abschneiden. Kerngehäuse entfernen. Marzipanmasse, Butter und Mandelsplitter oder Haselnüsse in eine Schüssel geben und gut miteinander verrühren. Nach und nach die eingeweichten Rosinen oder Cranberrys dazugeben. Zum Schluss Honig, Zimt und Muskatnuss dazugeben. Die Füllung nun in die ausgehöhlten Äpfel drücken. Die gefüllten Äpfel anschließend in eine gefettete Auflaufform setzen und bei 200 °C für 25 Minuten im Ofen backen. Dann die abgeschnittenen Deckel wieder auf die Äpfel setzen und für weitere 10–15 Minuten backen.
Dazu passt eine leckere Vanillesauce oder eine Kugel Vanilleeis.

EIN WAHRER WINTERGENUSS-MOMENT!

DIE WÜSTE IST
schön

„Guten Tag", sagte der kleine Prinz.

„Guten Tag", sagte der Händler.

Er handelte mit höchst wirksamen, durststillenden Pillen. Man schluckt jede Woche eine und spürt überhaupt kein Bedürfnis mehr zu trinken.

„Warum verkaufst du das?", sagte der kleine Prinz.

„Das ist eine große Zeitersparnis", sagte der Händler. „Die Sachverständigen haben Berechnungen angestellt. Man erspart dreiundfünfzig Minuten in der Woche."

„Und was macht man mit diesen dreiundfünfzig Minuten?"

„Man macht damit, was man will …"

„Wenn ich dreiundfünfzig Minuten übrig hätte", sagte der kleine Prinz, „würde ich ganz gemächlich zu einem Brunnen laufen …"

„Die Wüste ist schön", fügte er hinzu …

Und das war wahr. Ich habe die Wüste immer geliebt. Man setzt sich auf eine Sanddüne. Man sieht nichts. Man hört nichts. Und währenddessen strahlt etwas in der Stille.

„Es macht die Wüste schön", sagte der kleine Prinz, „dass sie irgendwo einen Brunnen birgt."

Ich war überrascht, dieses geheimnisvolle Leuchten des Sandes plötzlich zu verstehen. Als ich ein kleiner Junge war, wohnte ich in einem alten Haus, und die Sage erzählte, dass darin ein Schatz versteckt sei. Gewiss, es hat ihn nie jemand zu entdecken vermocht, vielleicht hat ihn auch nie jemand gesucht. Aber er verzauberte dieses ganze Haus. Mein Haus barg ein Geheimnis auf dem Grunde seines Herzens …

Antoine de Saint-Exupéry

INNERER
Raum

Eine Art Wüstenerfahrung kann es sein, in den eigenen Gedanken einen Rückzugsraum immer wieder zu besuchen – sich dort wahrzunehmen, zu atmen und mit sich achtsam zu sein.

**ATME EIN UND SAGE DIR:
ICH BIN HIER.
LÄCHLE UND ATME LANGSAM WIEDER AUS.**

Wiederhole das mehrfach am Tag. Du wirst spüren, wie du immer schneller in deinem Rückzugsraum ankommst und dort neue Kraft findest.

Es muss nicht immer die Sandwüste sein, auch die Schneewüste kann zur besonderen Erfahrung werden.

Ganz bei mir sein

Den Weg nach innen suchen.
Mir selbst auf den Grund gehen.
Stille zulassen.
In mich hineinhören.
Mich meiner Träume erinnern.

Meine schöpferische Kraft spüren.
Mich auf meine Stärke verlassen.
Meiner Intuition trauen.
Mich annehmen, so wie ich bin.
Ganz bei mir sein.
Leben – einfach leben.

Gisela Baltes

TÜR MEINES
Herzens

Ich habe die ganze Welt auf der Suche nach Gott
durchwandert und ihn nirgendwo gefunden.
Als ich wieder nach Hause kam,
sah ich ihn an der Tür meines Herzens stehen,
und er sprach: „Hier warte ich auf dich seit Ewigkeiten."
Da bin ich mit ihm ins Haus gegangen.

Mevlana Dschelâleddin Rumi

Der mich trug

Der mich trug
auf Adlers Flügeln,
der mich hat geworfen
in die Weite
und als ich kreischend fiel,
mich aufgefangen
mit den Schwingen
und wieder hoch mich warf,
bis dass ich fliegen konnte
aus eigner Kraft.

Huub Oosterhuis

ES WAR *Winterzeit,*
DIE LUFT KALT, DER WIND SCHARF,
ABER HINTER TÜR UND RIEGEL
WAR ES WARM UND *gemütlich.*

Hans Christian Andersen

Gemütlichkeit

Winter-
WELLNESSTAG

Der Winter ist die Zeit, um sich Zeit zu nehmen, in vielerlei Hinsicht. Sich Zeit nehmen, das bedeutet auch mitunter, sich Zeit für sich selber zu verordnen.

**„TU DEINEM KÖRPER ETWAS GUTES,
DAMIT DEINE SEELE GERNE DRIN WOHNT!",
SO HAT EINMAL TERESA VON AVILA GESAGT.**

Also gut: Allein in den eigenen vier Wänden, ohne Ablenkung, könnte sie beginnen, die „IBM-Zeit" – also die „Ich-bei-mir-Zeit". Handy aus. Keine E-Mails, keine Telefonate, keine Nachrichten. Nur ich! Ob ich das aushalte? Es wäre einen Versuch wert. Die heiße Badewanne, die gute Tasse Tee, ein paar Pralinen vielleicht, schöne Musik, die Lieblingsserie … der Kreativität sind keine Grenzen gesetzt. Manchmal braucht es nur den ersten Schritt und die Entschlossenheit dazu. Ich bin überzeugt: Ich kann mich mir zumuten! Ich kann mich aushalten … und zwar sehr gut. Und dann kann ich mir auch etwas Gutes tun.

Bastian Rütten

SCHENK DIR EINE
Umarmung

Egal wo du gerade bist, im Wald, im Garten oder in der Küche, schließe für einen Moment deine Augen. Und dann stell dir vor, wie die Wintersonne dir Licht schenkt, die erfrischende Kälte Klarheit in deine Gedankenwelt bringt. Und dann lass dich von der Liebe Gottes, von seiner wunderbaren Schöpfung umarmen.

FÜHL DICH BEHÜTET.

Atme noch einmal tief ein, und nun kannst du gestärkt in deinem Tun weitermachen.

GÖNN DIR SOLCHE UMARMUNGEN GERNE REGELMÄßIG.

Orangen-MOMENTE

Der Wind heult um das Haus und dicke Regentropfen prasseln gegen das Fenster. Es ist wieder einer dieser grauen Wintertage, an dem es nicht richtig hell wird. Leicht betrübt starre ich in den wolkenverhangenen Himmel. Auch in diesem Winter lässt der Schnee auf sich warten. Nachdem im Dezember noch überall in den Straßen kleine Lichter funkelten, bleiben jetzt Ende Januar die meisten Fenster und Vorgärten dunkel. Der Weihnachtsschmuck und damit auch die Lichterketten sind verschwunden. Nass, kalt und etwas farblos sieht der Winter nun aus.

Aber einen besonderen Farbtupfer gibt es auch jetzt noch: Orangen und Mandarinen.

Mit ihrer leuchtenden Farbe strahlen sie mir aus der Obstschale entgegen. Nach einem weiteren trübseligen Blick aus dem Fenster, greife ich mir eine kleine Orange und beginne sie abzupellen. Sofort steigt der Duft der Orange auf und plötzlich sehe ich meine Uroma vor mir. Eigentlich kann ich mich nicht gut an sie erinnern, denn ich war noch sehr jung, als sie gestorben ist.

Aber in diesem Augenblick erinnere ich mich genau: Wenn wir sie in der Winterzeit besuchten, saß sie immer, wirklich immer, in ihrem grünen Ohrensessel. Links neben ihrem Sessel stand ein kleiner Kachelofen und verbreitete eine gemütliche Wärme im ganzen Raum. Und es roch nach Orangen – wunderbar nach Orangen! Und auch daran erinnere ich mich wieder: Meine Uroma hat die Orangenschalen nie weggeworfen, sondern auf ihren Kachelofen gelegt. Mit einem Lächeln auf den Lippen sagte sie immer: „So hole ich mir ein wenig Winterduft in die gute Stube."

Ich blicke vor mich auf meinen kleinen Haufen aus Orangenschalen. Einen Ofen habe ich nicht, aber eine warme Heizung! Ohne weiter nachzudenken, stehe ich auf und lege die Orangenschalen auf die Heizung. Langsam breitet sich der herrliche Orangenduft im Zimmer aus. Und auf einmal wird ein grauer Wintertag richtig gemütlich.

Melissa Schirmer

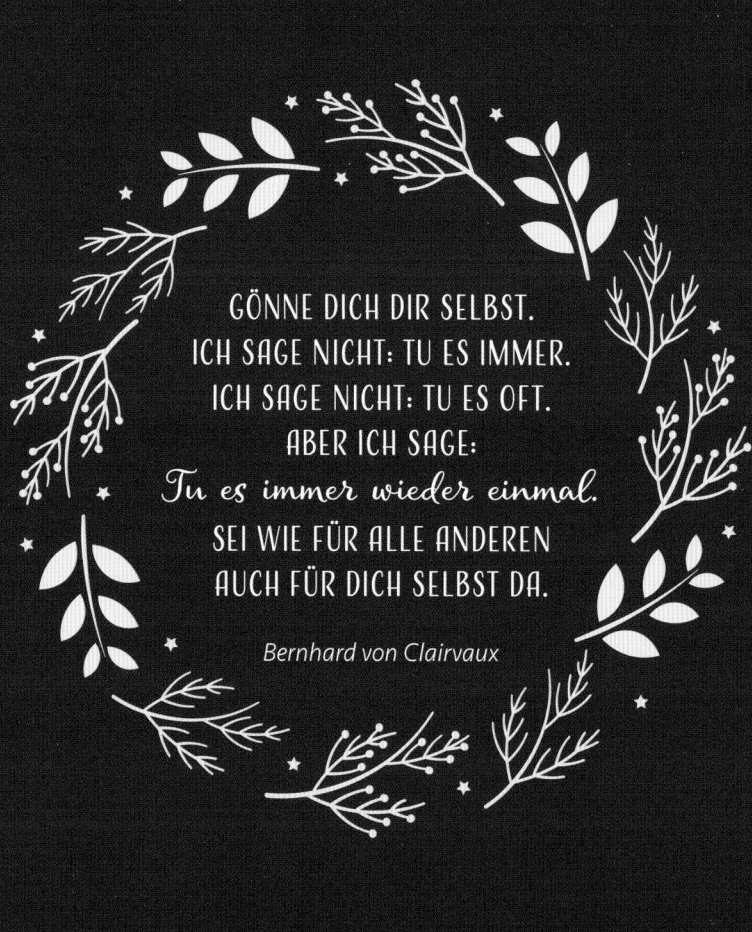

GÖNNE DICH DIR SELBST.
ICH SAGE NICHT: TU ES IMMER.
ICH SAGE NICHT: TU ES OFT.
ABER ICH SAGE:
Tu es immer wieder einmal.
SEI WIE FÜR ALLE ANDEREN
AUCH FÜR DICH SELBST DA.

Bernhard von Clairvaux

KLEINE
Auszeit

Vorhin habe ich das Futterhäuschen wieder aufgefüllt. Es hängt geschützt am Spalier der Obstbäume. Seit einiger Zeit ist die Aufhängung mit einem dicken Draht geschützt. Ein Eichhörnchen hat es ein paarmal geschafft, und alles lag am Boden.

Jetzt sitze ich mit einem heißen Kakao hinterm Fenster und beobachte, wie verschiedene Gartenvögel zum Futterhaus fliegen. Im Hintergrund spielt leise Gitarrenmusik von Vivaldi.

ICH MERKE, WIE ICH IMMER RUHIGER WERDE – WAS FÜR EINE SCHÖNE KLEINE AUSZEIT!

Wenn es für dich möglich ist, schaffe dir auch so kleine Auszeiten im Alltag. Oft genügen wenige Minuten, vielleicht so lange, wie du für eine Tasse Kakao, Kaffee oder Tee brauchst.

ATME UND SPÜRE

Ein Moment
der Ruhe und der Stille
ist ein Geschenk.
Nimm es an.
Setz dich, schließe die Augen,
deine Hände dürfen nichts tun.

Atme tief und ruhig,
lass los, was dich umtreibt,
lass die Gedanken ziehen
wie Wolken am Himmel.
Sie sind da, doch du darfst sie lassen.

Atme und spüre
das Licht in deinem Innern,
göttliches Licht,
das dir Kraft schenkt und Energie,
Zuversicht und Gelassenheit
für den heutigen Tag.

Eva Dicks

Winterabend
IM ZIMMER

Die Nebel sinken tiefer in das Dämmern,
ein düstrer, schwarzumgrauter Wintertag,
es singt der Sturm.
Und schwere Tropfen hämmern
an trübe Scheiben,
rhythmisch Schlag auf Schlag.

Ich sinne stumm
beim Funkenspiel der Kohlen. –
So still und traulich wird der enge Raum,
so sonntagsfroh ...
Nun naht mit leisen Sohlen
der erste, langersehnte Frühlingstraum ...

Stefan Zweig